The Soft Land

"Few poets with so few words and, between lines, have told us so much, and so eternally, about their own land. López Velarde is also making history." —Pablo Neruda

"The moment in which I read *The Soft Land* was one the of moments in my life of greatest literary exultation. We were in my house, on Quintana Avenue, and you (Borges) recited those lines to me about the paradise of compotes and I want to carry you away, in the gloom of Lent." —Adolfo Bioy Casares to Jorge Luis Borges

"*The Soft Land* is born, it's true, from the profound love the poet has for Mexico (…) in the poem (…) unfolds an intense affection toward our country—its small greatness and its great smallness."
—Carlos Fuentes

"*The Soft Land* could only have been written in Mexico. It's like T.S. Eliot's *The Wasteland* falling out of a piñata."
—Richard Blackmore

Ramón López Velarde (1888-1921) was a Mexican poet who incorporated techniques from French Symbolism into the treatment of Mexican themes. He studied law, and worked as a journalist and civil servant. His first book of poems, *La sangre devota* (The Pious Blood, 1916), treated the simplicity of country life, the tension between sensuality and spirituality, and the poet's love for his cousin Fuensanta (Josefa de los Ríos); the language is often complex and full of daring imagery. In *Zozobra* (Uneasiness, 1919) the themes of his previous work were treated with greater intensity. The death of Fuensanta in 1917 elicited feelings of loss and anguish and the expressions of profound sensuality found in the poems. *El son del corazón* (The Sound of the Heart, 1932) collected those poems previously unpublished at the time of the author's death. Although his work did not gain recognition during his lifetime, López Velarde later came to be considered one of the greatest Mexican poets of the century.

Gustavo Monroy was born in Mexico City in 1959. Since the mid-1980s he has gained considerable national and international attention, and is represented in museum collections in Mexico and the United States, including the Mexico City Museum of Modern Art, the Aguascalientes Museum of Contemporary Art, the National Museum of Prints, the National Institute of Fine Arts, and the Alvar T. de Carrillo Gil Museum of Contemporary Art in Mexico; and also in the University of Arizona Museum of Art and the Latin American Art Museum in Long Beach, California. A creator of paintings, prints and drawings, he is an active participant in Mexican cultural life and is the recipient of a number of awards, including the Painting Prize of the IX Rufino Tamayo Biennale.

Jennifer Clement is the author of several books including the novel *Prayers for the Stolen* and the memoir *Widow Basquiat*. Her new novel, *Gun Love*, which was the recipient of a Guggenheim Fellowship, appears in early 2018. Clement is the President of PEN International and lives in Mexico City.

Luis Miguel Aguilar was born in Chetumal, Quintana Roo, Mexico, in 1956. Amongst his poetry collections are *Medio de construcción*, *Chetumal Bay Anthology*, *Conversaciones con La Xtabay*, *Pláticas de familia*, *Las cuentas de la Ilíada y otras cuentas*. His chapbook, *De varias formas*, appeared in 2017.

La Suave Patria

The Soft Land

a poem by
Ramón López Velarde

with paintings by
Gustavo Monroy

translated by
Jennifer Clement

and an essay by
Luis Miguel Aguilar

Shearsman Books

First published in the United Kingdom in 2018 by
Shearsman Books
50 Westons Hill Drive
Emersons Green
BRISTOL
BS16 7DF

Shearsman Books Ltd Registered Office
30–31 St. James Place, Mangotsfield, Bristol BS16 9JB
(this address not for correspondence)

www.shearsman.com

ISBN 978-1-84861-548-9

'Inaccessible al deshonor' copyright © Luis Miguel Aguilar, 2018.
Translation copyright © Tony Frazer, 2018.

Paintings copyright © Gustavo Monroy.
Photos by Bernardo Arcos.

Translator's Note and translation of 'The Soft Land'
copyright © Jennifer Clement, 2018.

The right of Jennifer Clement to be identified as the translator
of this work has been asserted by her in accordance with the
Copyrights, Designs and Patents Act of 1988.
All rights reserved.

Contents

Ramón López Velarde

The Soft Land / 9

translated from Spanish by Jennifer Clement

Gustavo Monroy

El nuevo biombo de la conquista
New Screen of the Conquest
Lado A (Detalles) / Side A (Details) / 19

El nuevo biombo de la conquista
New Screen of the Conquest
Lado B (Detalles) / Side B (Details) / 27

El nuevo biombo de la conquista
New Screen of the Conquest
Lado A / Side A (Complete) / 35

El nuevo biombo de la conquista
New Screen of the Conquest
Lado B / Side B (Complete) / 36

Ramón López Velarde

La suave patria / 41

Jennifer Clement

Translator's Note / 49

Luis Miguel Aguilar

Inaccessible al deshonor / 50

Impervious to dishonour / 51

translated from Spanish by Tony Frazer

The Soft Land

Proem

I, who only sang from the exquisite,
intimate decorum score,
now lift up my voice at center stage
like a tenor who imitates
the guttural modulation of a bass
as if to carve out a slice of an epopee.

I will navigate through civil waves
with weightless oars, which move
like the arms of an emissary from the royalist Chouans
who, with rifles, rowed across the English Channel.

I will muffle the tone of my epic:
The Land is impeccable and diamantine.

Soft Land: allow me to cloak you
in the deepest jungle music
with which you molded me whole
to the lilting stroke of hatchets,
among young women's laughter and cries
and among birds whose trade is carpentry.

Act One

Land: your surface is maize,
your mines are the palace of the King of Golds,
and your sky is gliding herons
and the green lightning of parrots.

The Child of God deeded you a stable
and the petroleum reserves were a gift from the devil.

Above your Capital each hour soars,
hollow-eyed and rouged, in a carriage;
and in your provinces, time is as a sleepless clock
circled by fan-tailed doves
where bells toll like falling coins.

Land: your mutilated territory
is dressed in percale and glass beads.

Soft Land: your house is still
so large, that the train on tracks
is like a Christmas gift from a toyshop.

And in the tumult of the train stations,
with a mixed-race gaze, you place
immensity over every heart.

Who, on a night that frightens the frog,
has not, before knowing vice,
held his girlfriend's arm and glanced
the gallant gunpowder of fireworks?

Soft Land, in your torrid feast
you shine with a dauphin's iridescence

and your gold hair weds your soul,
a trapeze hummingbird,
and, as an offering to your tobacco braids,
my spirited race of jarabe dancers
give sweet agave water.

Your clay sounds like silver, and in your fist
misery is sonorous like the rattle of a money box;
and at dawn across the native soil,
through streets like mirrors, pours out
the saintly aroma of bakeries.

When we are born, you give us notes,
later you give a paradise of compotes,
then, soft Land and, pantry and birdcage,
you give your self whole.

To the sad and happy you say yes,
that from your language of love they taste
the biting flavor of sesame.

And your nuptial sky, when it thunders,
fills us with frenzied delights!

The lightning from our clouds, bathes
us in madness, maddens the mountain,
courts the woman, heals the lunatic,
embodies the dead, requests the Viaticum,
and, in the end, fells God's lumber yards
across the arable lands.

Thunderous storm: in your complaint
I hear the crackle of coupled skeletons,
I hear what is gone, what I have not yet touched

the present hour like a coconut-shaped womb.
And in the spinning sound of your coming and going,
Oh thunder, I hear the roulette of my life.

Intermission
(Cuauhtémoc)

Young grandfather: hear me praise you,
you who are the only hero worthy of art.

Anachronistically, absurdly,
the rose bush bows to your prickly pear;
you magnetize the white man's language,
source of Catholicism and whose prayers
fall on the victorious pedestal
of ash from your scorched feet.

Unlike Cesar the patrician flush
covered your face during torture;
your bare head appears to us
hemispherical as on a coin.

A spiritual coin upon which is etched
all you suffered: the hollowed-out pirogue prison,
the astonishment of your offspring,
the wail of your mythologies,
Malinche, the floating idols,
but, above all, the unbinding
from the curved breast of the empress
like the breast of a quail.

Act Two

Soft Land: you matter
thanks to your women's stream of virtues;
your daughters move like fairies
or distilling an invisible alcohol,
and dressed in the netting of your sun,
look like wire covered bottles.

Soft Land: I love you not as a myth,
but for the truth of your communion bread;
like I love a girl who peers over a rail
in a buttoned-up blouse
and skirt to her ankle bone.

Impervious to dishonor, you flower.
I shall believe in you
As long as every dawn a Mexican woman
carries cloth from the shop in her shawl
and fills the country with the luxurious
aroma of a new dress.

Like the Queen of Clubs, my Land,
on metal ground, you live each day
by miracle, like the lottery.

Your image is the National Palace
with the same grandeur and stature
of a boy and thimble.

Faced with hunger and mortar Saint
Felipe de Jesus will bring you figs.

Soft Land, vendor of sage seeds,
I want to carry you away, in the gloom of Lent,
on a stallion, with a wooden rattle,
fired on by the police.

Your bowels will always give shelter
to the bird a youngster
entombs in an empty spool box;
and our youth, weeping, hides
in you the minced cadaver
of birds that speak our same language.

If I suffocate in your months of July, you bring,
from the bountiful garden of your hair,
cool air of shawls and pitchers;
and, if I shiver, let me be clothed
with your blue incense breath
and your lush rum punch lips.

Before your balcony, in blessed palms
on Palm Sunday, I file past
full of shadow, because you quiver.

Your spirit and style want to die
as dying go the singers from the fairs,
with their bosoms bursting from their blouses,
they have made from the hours
lust and rhythm.

Land, from your fortune I give to you the key:
Be always the same, true to your daily mirror;
fifty equal times the same AVE is drilled
into the rosary beads, and it is
more joyful than you, Land so soft.

Stay the same and true; pupils wide with abandon;
thirsting voice; tri-colored sash
across your open breast;
and an open air throne, like a timbrel:
the allegorical cart of straw.

Gustavo Monroy

*El nuevo biombo
de la conquista*

New Screen
of the Conquest

Lado A / Side A

Gustavo Monroy

El nuevo biombo de la conquista

New Screen of the Conquest

Lado B / Side B

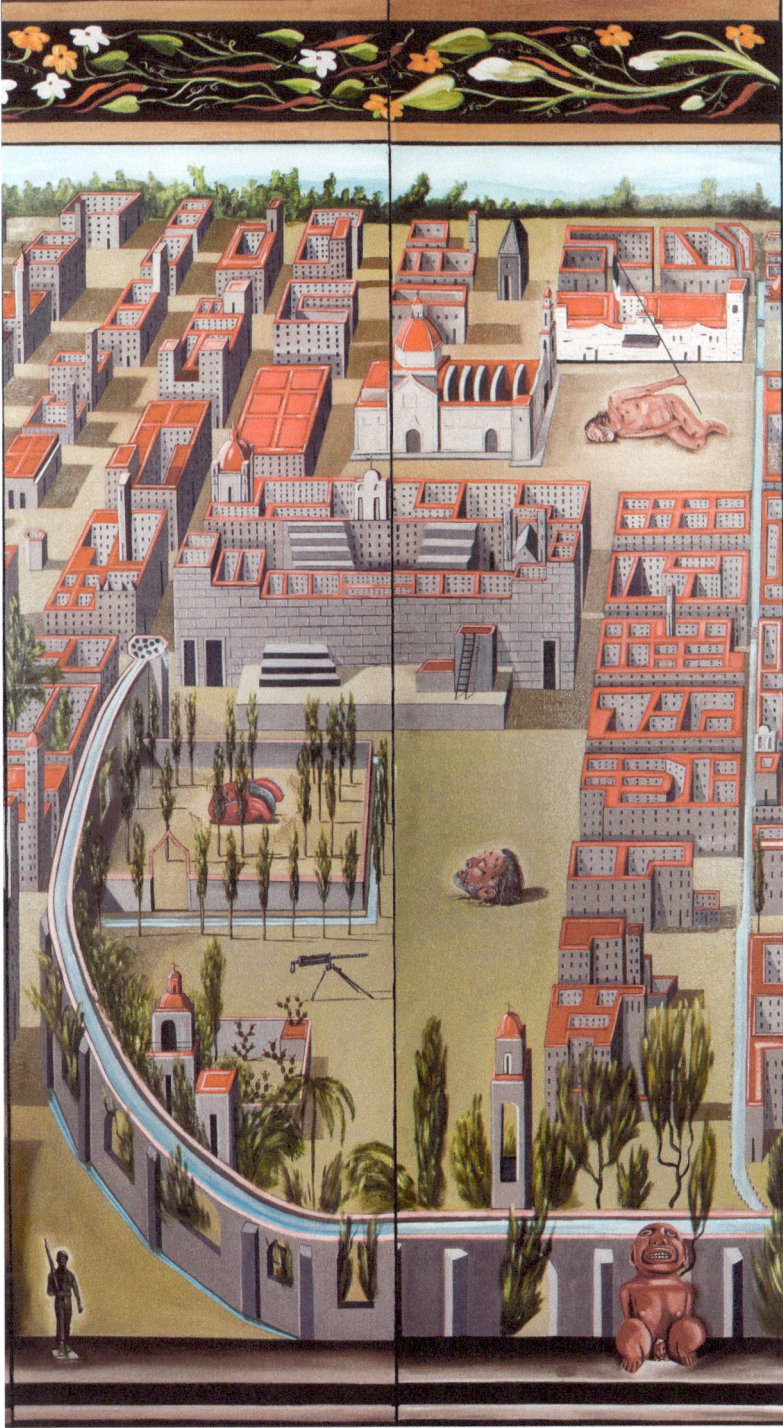

Gustavo Monroy

*El nuevo biombo
de la conquista*

New Screen
of the Conquest

La Suave Patria

Proemio

Yo que sólo canté de la exquisita
partitura del íntimo decoro,
alzo hoy la voz a la mitad del foro
a la manera del tenor que imita
la gutural modulación del bajo
para cortar a la epopeya un gajo.

Navegaré por las olas civiles
con remos que no pesan, porque van
como los brazos del correo chuan
que remaba la Mancha con fusiles.

Diré con una épica sordina:
la Patria es impecable y diamantina.

Suave Patria: permite que te envuelva
en la más honda música de selva
con que me modelaste por entero
al golpe cadencioso de las hachas,
entre risas y gritos de muchachas
y pájaros de oficio carpintero.

Primer Acto

Patria: tu superficie es el maíz,
tus minas el palacio del Rey de Oros,
y tu cielo, las garzas en desliz
y el relámpago verde de los loros.

El Niño Dios te escrituró un establo
y los veneros del petróleo el diablo.

Sobre tu Capital, cada hora vuela
ojerosa y pintada, en carretela;
y en tu provincia, del reloj en vela
que rondan los palomos colipavos,
las campanadas caen como centavos.

Patria: tu mutilado territorio
se viste de percal y de abalorio.

Suave Patria: tu casa todavía
es tan grande, que el tren va por la vía
como aguinaldo de juguetería.

Y en el barullo de las estaciones,
con tu mirada de mestiza, pones
la inmensidad sobre los corazones.

¿Quién, en la noche que asusta a la rana,
no miró, antes de saber del vicio,
del brazo de su novia, la galana
pólvora de los juegos de artificio?

Suave Patria: en tu tórrido festín
luces policromías de delfín,

y con tu pelo rubio se desposa
el alma, equilibrista chuparrosa,
y a tus dos trenzas de tabaco sabe
ofrendar aguamiel toda mi briosa
raza de bailadores de jarabe.

Tu barro suena a plata, y en tu puño
su sonora miseria es alcancía;
y por las madrugadas del terruño,
en calles como espejos se vacía
el santo olor de la panadería.

Cuando nacemos, nos regalas notas,
después, un paraíso de compotas,
y luego te regalas toda entera
suave Patria, alacena y pajarera.

Al triste y al feliz dices que sí,
que en tu lengua de amor prueben de ti
la picadura del ajonjolí.

¡Y tu cielo nupcial, que cuando truena
de deleites frenéticos nos llena!

Trueno de nuestras nubes, que nos baña
de locura, enloquece a la montaña,
requiebra a la mujer, sana al lunático,
incorpora a los muertos, pide el Viático,
y al fin derrumba las madererías
de Dios, sobre las tierras labrantías.

Trueno del temporal: oigo en tus quejas
crujir los esqueletos en parejas,
oigo lo que se fue, lo que aún no toco

y la hora actual con su vientre de coco.
Y oigo en el brinco de tu ida y venida,
oh trueno, la ruleta de mi vida.

Intermedio

(Cuauhtémoc)

Joven abuelo: escúchame loarte,
único héroe a la altura del arte.

Anacrónicamente, absurdamente,
a tu nopal inclínase el rosal;
al idioma del blanco, tú lo imantas
y es surtidor de católica fuente
que de responsos llena el victorial
zócalo de cenizas de tus plantas.

No como a César el rubor patricio
te cubre el rostro en medio del suplicio;
tu cabeza desnuda se nos queda,
hemisféricamente de moneda.

Moneda espiritual en que se fragua
todo lo que sufriste: la piragua
prisionera, al azoro de tus crías,
el sollozar de tus mitologías,
la Malinche, los ídolos a nado,
y por encima, haberte desatado
del pecho curvo de la emperatriz
como del pecho de una codorniz.

Segundo Acto

Suave Patria: tú vales por el río
de las virtudes de tu mujerío.
Tus hijas atraviesan como hadas,
o destilando un invisible alcohol,
vestidas con las redes de tu sol,
cruzan como botellas alambradas.

Suave Patria: te amo no cual mito,
sino por tu verdad de pan bendito;
como a niña que asoma por la reja
con la blusa corrida hasta la oreja
y la falda bajada hasta el huesito.

Inaccesible al deshonor, floreces;
creeré en ti, mientras una mejicana
en su tápalo lleve los dobleces
de la tienda, a las seis de la mañana,
y al estrenar su lujo, quede lleno
el país, del aroma del estreno.

Como la sota moza, Patria mía,
en piso de metal, vives al día,
de milagros, como la lotería.

Tu imagen, el Palacio Nacional,
con tu misma grandeza y con tu igual
estatura de niño y de dedal.

Te dará, frente al hambre y al obús,
un higo San Felipe de Jesús.

Suave Patria, vendedora de chía:
quiero raptarte en la cuaresma opaca,
sobre un garañón, y con matraca,
y entre los tiros de la policía.

Tus entrañas no niegan un asilo
para el ave que el párvulo sepulta
en una caja de carretes de hilo,
y nuestra juventud, llorando, oculta
dentro de ti el cadáver hecho poma
de aves que hablan nuestro mismo idioma.

Si me ahogo en tus julios, a mí baja
desde el vergel de tu peinado denso
frescura de rebozo y de tinaja,
y si tirito, dejas que me arrope
en tu respiración azul de incienso
y en tus carnosos labios de rompope.

Por tu balcón de palmas bendecidas
el Domingo de Ramos, yo desfilo
lleno de sombra, porque tú trepidas.

Quieren morir tu ánima y tu estilo,
cual muriéndose van las cantadoras
que en las ferias, con el bravío pecho
empitonando la camisa, han hecho
la lujuria y el ritmo de las horas.

Patria, te doy de tu dicha la clave:
sé siempre igual, fiel a tu espejo diario;
cincuenta veces es igual el AVE
taladrada en el hilo del rosario,
y es más feliz que tú, Patria suave.

Sé igual y fiel; pupilas de abandono;
sedienta voz, la trigarante faja
en tus pechugas al vapor; y un trono
a la intemperie, cual una sonaja:
la carreta alegórica de paja.

Translator's Note

In my translation of Ramón López Velarde's poem *La suave patria*, I had to respond to a work that is dependent on rhyme and, some writers have argued, at the service of rhyme over sense. It has an acrobatic quality in Spanish: the strangest images lead to perfect rhymes with a masterful dexterity impossible to reproduce in English. I translated the sense and not the rhyme of this "song to Mexico", which is baroque, but also postmodern in places, and playful, erotic, grave and religious. My non-bilingual readers will have to trust me when I say that this verbal mural about Mexico is as odd in Spanish as it is in English, and maybe even odder. Years ago I asked the Catalan poet and philosopher Ramón Xirau what he thought of the poem and his answer was, "It's so strange, no?"

The poem first appeared in June 1921 in the magazine *El Maestro*, Volume #3.

Jennifer Clement
Mexico City, 2017

Inaccesible al deshonor

Al dedicar su primer libro de poemas *La sangre devota* (1916) Ramón López Velarde escogió a dos destinatarios: Manuel Gutiérrez Nájera y Manuel José Othón. El gesto, humilde y orgulloso a la vez, dejaba en claro que López Velarde escogía de un modo afectuoso pero radical a sus predecesores: fuera de ellos no reconocía a nadie más entre los poetas mexicanos. López Velarde escogía su lugar en la plaza; entre quiénes quería ubicarse y a qué altura ser medido. Era, también, una afirmación: la de alguien seguro de su talento.

La sangre devota inauguró el destino más misterioso y el más llano en la poesía mexicana. Lo siguió el libro mayor de López Velarde, *Zozobra* (1920), los póstumos *El son del corazón*, el poema 'La suave patria' y las prosas de *El Minutero*. Ese destino quiso cerrarse durante algún tiempo. Luego de su muerte en 1921, López Velarde pasó varios años en el limbo del "joven de provincias", del "seminarista / sin Baudelaire, sin rima y sin olfato", del payo-poeta. Debemos agradecerle a Xavier Villaurrutia el ensayo, a la vez uno de los mejores de la literatura mexicana, en que restituyó a López Velarde con sólo leer su obra y le abrió nuevamente el destino que se abre a su vez en tantas como cuantas direcciones pueda tener la poesía mexicana. Se trata del texto de Villaurrutia que prologa la antología *El León y la Virgen* (1942):

> En la poesía mexicana, la obra de Ramón López Velarde es, hasta ahora, la más intensa, la más atrevida tentativa de revelar el alma oculta de un hombre; de poner a flote las más sumergidas e inasibles angustias; de expresar los más vivos tormentos y las recónditas zozobras del espíritu ante los llamados del erotismo, de la religiosidad y de la muerte.

Impervious to Dishonor

When choosing the dedicatees for his first collection of poems, *La sangre devota* (The Pious Blood, 1916), Ramón López Velarde opted for two: Manuel Gutiérrez Nájera and Manuel José Othón. This gesture, at once humble *and* proud, made it clear that López Velarde, in an affectionate but radical manner, was selecting his own predecessors: these two apart, he recognized no others amongst Mexican poets. López Velarde had picked out his own spot in the square: he chose those with whom he wished to be associated, and the level by which he wished to be measured.

La sangre devota signaled the beginning of the most mysterious and also the most straightforward destiny in Mexican poetry. It was followed by López Velarde's finest book, *Zozobra* [Uneasiness, 1920], the posthumous *El son del corazón* [The Sound of the Heart], the long poem, 'La suave patria' [The Soft Land], and the prose collection, *El Minutero* [The Minute Hand]. It took some time for this destiny to be realized. After his death in 1921, López Velarde's work spent a number of years in limbo, the poet being dismissed as "the young provincial," the "seminarist / with no Baudelaire, no rhyme and no instinct," the rustic poet. We should be grateful to Xavier Villaurrutia for his essay—one of the finest in Mexican literature—in which he reinstated López Velarde simply by reading his work, and thus opened up again for him the manifold destiny to which Mexican poetry can aspire. I refer to Villaurrutia's text, which serves as the foreword to his selected poems, *El León y la Virgen* [The Lion and the Virgin, 1942], where he says:

> In Mexican poetry, the work of Ramón López Velarde is, up to this point in time, the most intense, the most daring attempt to reveal a man's hidden soul; to bring back to the surface the most submerged and elusive fears; to express the severest torments and the

Lectores sucesivos de López Velarde añadieron a esto otros motivos de frecuentación ante una obra que no cesa de alejar la fecha de su envejecimiento: la índole conversacional de algunos de sus poemas, el tono absolutamente moderno que escribe en el "alto estilo" y lo cruza de ironía, la adjetivación sorprendente que es una manera del humor y la originalidad estética.

Alguna vez Octavio Paz sugirió memorablemente que no podíamos volver a López Velarde porque era nuestro único punto de partida. Memorable, también, porque de algún modo recordaba la mencionada dedicatoria de López Velarde a Gutiérrez Nájera y Othón: ambos como su punto de partida. Tiempo después Octavio Paz pudo sorprenderse ante el hecho de que algunos de sus "nietos" lo tomaban a él, al mismo Paz, como el punto de partida al que no podía retornarse y regresaban en cambio al "abuelo", a López Velarde. Es seguro que en este momento un joven poeta esté descubriendo, deslumbrado, la poesía de su "bisabuelo" Ramón.

En México quizá Sor Juana Inés de la Cruz es nuestro poeta más grande. Sin embargo, hoy como a su muerte en 1921, cuando José Juan Tablada le dedicó su *Retablo*, Ramón López Velarde es el centro de la poesía mexicana. Ahora bien, a ese centro la crítica mexicana ha solido dividirlo en dos. Por un lado el López Velarde de la "dualidad funesta" (atraído a la vez por la mártir cristiana Ligia y la voluptuosa árabe Zoraida) y las "intensidades corrosivas"; el del placer y la muerte enroscados, el de la visión trasterrenal de "El sueño de los guantes negros", etcétera. Y por otro lado el López Velarde de "La suave patria", aquel destinado a que su poema se volviera el Canto Nacional recitable por los niños en las escuelas: digamos, el López Velarde "sin vodka".

'La suave Patria' esquivó tal destino. A casi un siglo de su aparición, a cada lectura este poema vuelve a reclamar su sitio como indivisible del resto de la obra de López Velarde. Es un poema que ha resistido con los recursos de todo clásico: paciencia y reticencia. Ha sido paciente con los intentos mencionados de volverlo "sólo" el Poema a la Patria o, también

recondite anxieties of a spirit faced with the appeals of eroticism, religiosity and death.

Successive readers of López Velarde have added other motives for paying attention to an *oeuvre* which keeps dodging its own expiry date: the conversational character of some of his poems, the totally modern tone which he employs in "high style" and, mixed with irony, the use of surprising adjectives as expressions both of humor and of aesthetic originality.

At some point, Octavio Paz memorably suggested that we could not go back to López Velarde because he was our sole starting point. Memorable, too, because in some ways this harked back to the above-mentioned dedication to Gutiérrez Nájera and Othón: both men were *his* starting points. Some time later, Octavio Paz would be surprised by the fact that some of his "grandchildren" were taking him, Paz himself, as *their* starting point, and that they could in turn go back to *his* "grandfather," to López Velarde. Right now, at this very moment, a young poet is undoubtedly being dazzled after discovering the poetry of his "great-grandfather," López Velarde.

In Mexico Sor Juana Inés de la Cruz is perhaps our greatest poet. However, today, as at the time of his death in 1921—when José Juan Tablada dedicated his *Retablo* [Altarpiece] to him— Ramón López Velarde is at the very center of Mexican poetry. However, Mexican literary criticism is in the habit of splitting into two camps over this center. On the one side is the López Velarde of the "ill-fated duality" (attracted both by the Christian martyr Lygia and the voluptuous Arab woman, Zoraïde) and of the "corrosive passions," those of pleasure and death locked together, of the extraterrestrial vision of 'El sueño de los guantes negros' [The Dream of the Black Gloves], etc. On the other side is the López Velarde of 'The Soft Land,' the one fated to be turned into a National Hymn, to be recited by children in schools: an alcohol-free López Velarde, perhaps, for younger readers.

'The Soft Land' escaped that destiny. Almost a century after its publication, with every reading this poem reclaims its

y por ejemplo, con la cantidad de ocasiones en que a cada crisis económica petrolera en México los comentaristas políticos recurren hasta el colmo al verso "Y los veneros de petróleo el diablo"; ha sido reticente porque no entrega su sentido final sino que se rehace y vuelve a ser distinto para cada lector y para cada frecuentación. Es un poema explorado y anotado hasta la saciedad pero cuyas interpretaciones y certezas de sentido o significación, al final, casi no lo tocan. Pondré un ejemplo encantador. Alguna vez en casa de un amigo López Velarde vio, curioso, un objeto que no había visto nunca; el amigo le dijo que era una campanita de barro hecha en Oaxaca. López Velarde tomó la campanita con el puño y la hizo sonar agitando su pequeño badajo. Tiempo después escribiría en "La suave Patria":

> Tu barro suena a plata, y en tu puño
> su sonora miseria es alcancía.

Podemos recordar una y otra vez la anécdota de la campanita oaxaqueña pero el hecho es que los dos versos que la encarnaron son ya del territorio de la magia verbal.

    O pondré otro ejemplo de cómo este poema depara continuas sorpresas o "revelaciones". Hace poco me lo repetía como otras veces y de pronto me di cuenta de que uno de sus pasajes logra, en dos estrofas, un efecto cinematográfico. Panorámica general, con la cámara acercándose desde las alturas y lo lejano:

> Suave Patria, tu casa todavía
> es tan grande, que el tren va por la vía
> como aguinaldo de juguetería.

Fade in a la estación de trenes, y luego zoom a la gente que va y viene por la estación, y close-up final al rostro de una mujer que mira hacia la cámara:

place once again, as though inseparable from the rest of López Velarde's work. It is a poem which has used those resources that every classic possesses to *resist*: patience and reticence. The poem has been patient with the aforementioned attempts to turn it into nothing more than The Poem to the Motherland or, indeed, with the sheer number of occasions on which—in every economic crisis, in every oil crisis—political commentators in Mexico repeat *ad nauseam* the line "y los veneros de petróleo el diablo" [and the petroleum reserves were a gift from the devil]; it has been reticent because it does not deliver its final meaning, but rather renews itself and continues to be different for each reader, and with each reading. It is a poem which has been analyzed and annotated to the point of exhaustion, but whose interpretations and certainties of meaning or intent leave it almost unaffected in the end. I will mention one delightful example: once, at the home of a friend, López Velarde observed with some curiosity an object that he had never seen before; his friend told him it was a little clay bell, made in Oaxaca. López Velarde took the bell in his fist and made it ring, shaking the little clapper. A little later he wrote in 'The Soft Land':

> Your clay sounds like silver, and in your fist
> misery is sonorous like the rattle of a money box;

No matter how often we recall the story of the Oaxacan bell, the fact is that these two lines portraying it come from the zone of verbal magic.

Or I can take another example of how this poem provides continual surprises or "revelations." A little while ago, I read it aloud, as I had done many times previously, and all of a sudden I noticed that one of its passages offered, in two stanzas, a cinematic effect. Panoramic shot, with the camera coming in close from high up, and from afar:

> Soft Land: your house is still
> so large, that the train on tracks
> is like a Christmas gift from a toyshop.

Y en el barullo de las estaciones
con tu mirada de mestiza pones
la inmensidad sobre los corazones.

En efecto, si 'La suave patria', como dice una de sus partes, es "siempre igual", fiel a su espejo diario, el poema es siempre cambiante y distinto respecto a tal espejo. Mejor dicho: es un espejo que no cesa de multiplicar espejos.

*

Con su traducción la poeta y novelista Jennifer Clement ha creado un espejo de este poema o, como las garzas por el cielo del poema velardeano, ha deslizado "La suave Patria" al inglés, que en esa lengua multiplicará sus espejos en los lectores. En el trabajo de Clement es celebrable aquello que pedía Fray Luis de León respecto al traslado del poema de un idioma a otro: que las traducciones han de ser "como nacidas en él y naturales". Clement lo ha conseguido con el paso de 'La suave Patria' a 'The Soft Land'.

Al leer la traducción de Clement por vez primera recordé algo que un amigo común, el poeta estadounidense W. D. Snodgrass, dijo respecto a la traducción. Cuando un texto resulte o parezca imposible de traducir, pensaba Snodgrass, exactamente por eso hay que hacerlo. Jennifer Clement ha advertido sobre el tamaño de la tarea:

> En mi traducción de 'La suave Patria' ... tuve que enfrentar una obra ligada profundamente al ritmo y a la rima. En español, el poema posee una calidad acrobática: con gran destreza las imágenes nos llevan a rimas perfectas—en el texto dominan las consonancias monorrimas—, imposibles de reproducir en el inglés. Yo traduje, esencialmente, el ritmo y el sentido de esta 'canción a México', un poema barroco, pero sorpresivamente posmoderno en algunos fragmentos.

Fade-in to the train station, and then zoom to the people who come and go at the station, with a final close-up on the face of a woman looking toward the camera.

> And in the tumult of the train stations,
> with a mixed-race gaze, you place
> immensity over every heart.

In effect, if 'The Soft Land'—as one of its sections claims—is "always the same," faithful to its every-day mirror, the poem keeps changing and takes on a different aspect in front of that mirror. Or rather: it is a mirror which never ceases to multiply mirrors.

*

With her translation the poet and novelist Jennifer Clement has created a mirror of this poem or, like the herons in the sky of the Velardean poem, has "slipped" 'The Soft Land' into English, where it will multiply those mirrors for new readers. In Clement's work one must celebrate what Fray de León asked for in a poem translated from one language to another: that translations must be "as if born in [the new language], and native." Clement has achieved that with the passage of 'La suave patria' into 'The Soft Land.'

After reading Clement's introduction for the first time I recalled something that a mutual friend, the American poet W.D. Snodgrass, said concerning translation. Snodgrass thought that if a text turns out to be, or appears to be, impossible to translate, that's exactly why it needs to be translated. Jennifer Clement has drawn attention to the extent of the assignment:

> In my translation of Ramón López Velarde's poem
> *La suave patria* ... I had to respond to a work that is
> dependent on rhyme and, some writers have argued,
> at the service of rhyme over sense. It has an acrobatic

El texto es, como todos saben, juguetón, erótico y, al mismo tiempo, religioso y grave. Esta pintura mural, en palabras, es extraña en inglés porque en español es extraña, insólita.

Cualquiera que haya traducido sabe que los dioses de la traducción existen. Pero son dioses cicateros, a lo mucho regalan un acierto o un par de aciertos por pieza traducida; a lo mucho envían del cielo sólo un par de soluciones, o de problemas ya resueltos. En el caso de la traducción de Clement los dioses sólo le regalaron dos salidas claras a dos de las rimas imposibles de "La suave Patria"; el resto de los imposibles Clement debió remontarlos por cuenta propia. Apunto los dos casos, no sin mencionar que obviamente los dioses sólo regalaron las palabras a rimar, no el cuerpo del verso.

Escribió López Velarde:

> El Niño Dios te escrituró un establo
> y los veneros de petróleo el diablo.

Traduce Clement:

> The Child of God deeded you a stable
> and the petroleum reserves were a gift from the devil.

Y en la otra, escribió López Velarde:

> Cuando nacemos, nos regalas notas,
> después, un paraíso de compotas,

y traduce Clement:

> When we are born, you give us notes,
> later you give a paradise of compotes.

quality in Spanish: the strangest images lead to perfect rhymes with a masterful dexterity impossible to reproduce in English. I translated the sense and not the rhyme of this "song to Mexico," which is baroque, but also postmodern in places, and playful, erotic, grave and religious. My non-bilingual readers will have to trust me when I say that this verbal mural about Mexico is as odd in Spanish as it is in English, and maybe even odder.

Whoever has translated anything knows that the gods of translation exist. But those gods are fastidious: at best they grant one wish or perhaps a couple of wishes for each piece that's translated; at best they send down from the sky just a couple of solutions to problems. In the case at hand, the gods have granted only two clear solutions for the impossible rhymes of 'The Soft Land'; as for the remaining impossibilities, Clement has had to overcome those on her own. I shall deal with these two cases, not without mentioning obviously that the gods granted her only words for the rhymes, and not the entire line.

López Velarde wrote:

> El Niño Dios te escrituró un establo
> y los veneros de petróleo el diablo.

Clement translates this as:

> The Child of God deeded you a stable
> and the petroleum reserves were a gift from the devil.

And in the other, López Velarde wrote:

> Cuando nacemos, nos regalas notas,
> después, un paraíso de compotas,

which Clement translates as:

Todo lo demás, todos los aciertos de esta traducción diamantina de "La suave Patria", para usar también un adjetivo de López Velarde, Clement logró "posibilitarlos" siendo, de entrada, imposibles. Clement hizo respectivas y sorprendentes acrobacias para lograr en inglés, mediante asociaciones sonoras y rimas internas, equivalentes de la continua musicalidad del original. Destacaré algunas entre varias. Un verso dice en español:

> y en tus carnosos labios de rompope.

Clement remonta la imposibilidad del verso con:

> and your lush rum punch lips.

Es notable. La traducción al inglés logra así por lo menos los tres sonidos en "o" de "labios de rompope", con "ush um pun" y las "pes" también de rompope con "*p*unch li*p*s". No sólo eso; la estrofa entera previa a este verso, dice:

> Si me ahogo en tus julios, a mí baja
> desde el vergel de tu peinado denso,
> frescura de rebozo y de tinaja:
> y si tirito, dejas que me arrope
> en tu respiración azul de incienso
> y en tus carnosos labios de rompope.

Clement vierte "rebozo" y "tinaja" como "shawls" y "pitchers"; de modo que si unimos el "if I shiver" ("y si tirito"), el oído va conservando y sumando a lo largo de la estrofa una sucesión deliciosa de sonidos en "sh" y "ch" en "shawls, pitchers, shiver, lush, punch". Clement logró, para recurrir a otra figura de López Velarde que incluye el sonido en "ch", un gran equilibrismo de chuparrosa, o de "trapeze hummingbird", como ella misma traduce.

> When we are born, you give us notes,
> later you give a paradise of compotes.

Above all else, Clement has managed to "make possible" all the successes of this diamantine—to use an adjective of López Velarde's—translation of 'The Soft Land' although they're actually impossible. Clement has made successive and surprising acrobatic moves to achieve, through sonic associations and internal rhymes, equivalents in English to the original's musical continuity. Let me single out some specific cases. One line says in Spanish:

> y en tus carnosos labios de rompope.

Clement surmounts the impossibility of this line with:

> and your lush rum punch lips.

This is remarkable. The translation into English reflects the three "o" sounds of "labios de rompope," with the "u" sounds of "ush um pun" and also echoes the "p"s of *rompope* with "*p*unch li*p*s." In addition, the entire stanza prior to this line reads:

> Si me ahogo en tus julios, a mí baja
> desde el vergel de tu peinado denso,
> frescura de rebozo y de tinaja:
> y si tirito, dejas que me arrope
> en tu respiración azul de incienso
> y en tus carnosos labios de rompope.

Clement converts "rebozo" and "tinaja" into "shawls" and "pitchers"; "if I shiver ("y si tirito") works the same way, the ear retaining that sound and continuing to add a delicious succession of "sh and "ch" sounds throughout the stanza, in "shawls," "pitchers, shiver, lush, punch." Clement has managed to reflect another image of López Velarde's which includes the

En el pasaje en que López Velarde se refiere a las cantadoras de ferias, recurriendo a un brusco encabalgamiento ("con el bravío pecho / empitonando la camisa…"), Clement optó con sagacidad por omitir el "bravío" que vertido directamente en inglés no habría funcionado. Más bien, conservó los sonidos en "b" y "v" (que en el español habitual es "b" a fin de cuentas) de "bravío" en un solo verso mediante aliteraciones:

> with their bosoms bursting from their blouses,

con el acierto decisivo de que entre "bosoms" y "blouses" viene "bursting", que da a un tiempo tanto el adjetivo "bravío" como la acción verbal de los pezones de los pechos pugnando, empujando para reventar la camisa de las cantadoras.

Voy a otro gran momento de su traducción y aprovecharé para conectarlo con un hallazgo. Escribe López Velarde:

> Trueno del temporal: oigo en tus quejas
> crujir los esqueletos en parejas;

Clement traduce de modo inolvidable, disponiendo y potenciando los sonidos en "c" (incluso "cr")y en "q":

> Thunderstorm: in your complaint
> I hear the crackle of coupled skeletons.

Estos versos vienen en un pasaje de "La suave Patria" al que desde que conocí su traducción he ido de un modo distinto, inducido por un hallazgo del que Clement ha dado cuenta. Observo que este hallazgo sólo podía obtenerse gracias a la lectura de unos ojos jóvenes y frescos. En una nota a 'The Soft Land' Clement le ha agradecido a su hijo Richard Blackmore haberle dado una sugerente descripción del poema: "'La suave Patria'… es como si 'La tierra baldía' de T. S. Eliot hubiese caído de una piñata". Recuerdo haber conectado, y más allá de la famosa influencia en ambos del poeta francés Jules

"ch" sound, the balancing act of a hummingbird [*chuparrosa*], or of a "trapeze hummingbird," as she herself translates it.

In the passage where López Velarde refers to festival singers, resorting to a curt enjambment ("con el bravío…"), Clement has wisely opted to omit the word "bravío" which, turned literally into English, would not have worked. Rather, she has preserved the "b" and "v" sounds (which in Spanish are more or less always identical) from "bravío" in a single line using alliteration":

> with their bosoms bursting from their blouses,

—a good choice to place "bursting" between "bosoms" and "blouses," which at one and the same time gives us the adjective "bravío" as well as the verbal action of the thrusting nipples, pushing to burst the singers' blouses.

Let's take another fine moment in her translation, and I would like to take the opportunity to link it to a discovery. López Velarde writes:

> Trueno del temporal: oigo en tus quejas
> crujir los esqueletos en parejas;

Clement translates this in an unforgettable way, arranging and strengthening the "c" (including "cr") and "q" sounds:

> Thunderstorm: in your complaint
> I hear the crackle of coupled skeletons.

These lines come from a passage in 'The Soft Land' which, since I've come to know the translation, I've approached in a different way, led by a discovery reported by Clement. I note that this discovery could only have been made thanks to a reading by younger, fresher eyes. In a note to 'The Soft Land', Clement thanks her son, Richard Blackmore, for having given an evocative description of the poem: "'The Soft Land'… is as if T.S. Eliot's 'The Waste Land' had fallen out of a piñata." I remember having

63

Laforgue, las obras de López Velarde y Eliot. Pero nunca, frente a frente, 'La suave Patria' y 'The Waste Land'. La intuición de Blackmore me hizo ver esto. Los dos poemas comparten, por lo menos y curiosamente, la voz del trueno, quiero decir: en ambos habla el trueno y lo hace como clave, cifra, zozobra y ruleta de una vida. En el poema de Eliot es la quinta parte y se titula directamente "Lo que dijo el trueno". Ahora bien, así visto, el verso de López Velarde traducido por Clement, "I hear the crackle of coupled skeletons" es totalmente eliotiano, ya que la obra de Eliot abunda en sonidos en "c/q" y en "cr", y abunda en huesos y esqueletos. Y a la inversa, una de las voces que aparecen en "Lo que dijo el trueno" de Eliot se refiere a una "beneficent spider". Es como si esta araña se hubiera salido de "La suave Patria" de Ramón López Velarde para meterse en 'The Waste Land' de T. S. Eliot.

*

Un último apunte sobre las cambiantes transformaciones de "La suave Patria" a cada lectura y relacionado esta vez con su traductora al inglés. Como sabemos o leeremos, 'La suave Patria' es un poema repleto de mujeres. La Patria misma es una mujer que merece el mayor de los halagos por las mujeres que "atraviesan" por ella. Cuando Jennifer Clement publicó su novela *Ladydi* (título original: *Prayers for the Stolen*), sobre la terrible situación de violencia contra las mujeres en México durante las décadas recientes, sentí que de un modo absurdo pero cierto, estas mujeres seguían siendo velardeanas. López Velarde le dice a la suave Patria (por cierto en el verso que más le gustaba a Jorge Luis Borges, quien se sabía el poema de memoria; y bien visto, la de López Velarde es una frase borgeseana, antes de Borges):

Inaccesible al deshonor, floreces.

Así con las mujeres en la novela *Prayers for the Stolen*. Así con el presente de México para el cual el verso de López

made a link between the works of Eliot and López Velarde, apart from the well-known influence of Jules Laforgue on both poets. Blackmore's intuition made me see it. At least, oddly enough, the two poems share the voice of thunder, which is to say: in both, the thunder speaks and does so as a key to, or a cipher for, a whole life. In Eliot's poem it is the fifth part, and is titled simply 'What the Thunder Said.' However, looked at in this way, López Velarde's line—as translated by Clement—"I hear the crackle of coupled skeletons" is completely Eliotesque, given that Eliot's work abounds in "c/q" and "cr" sounds, and abounds too in bones and skeletons. By contrast, one of the voices which appears in Eliot's 'What the Thunder Said' refers to a "beneficent spider." It is as if this spider had left Ramón López Velarde's 'The Soft Land' and found its way into Eliot's 'The Waste Land'.

*

One final point concerning the transformations in 'The Soft Land' which occur with every reading, and a link this time with its English translator. As we know, or can read, 'The Soft Land' is a poem full of women. The Land itself is a woman [NB: *the word* patria *is a feminine noun in Spanish*], who deserves the finest of flattery from the women who "pass through" her. When Jennifer Clement published her novel *Prayers for the Stolen*, concerning the terrible cases of violence against women in Mexico over recent decades, I felt that, in an absurd but definite way, these women continued to be velardean. López Velarde tells the Soft Land (above all in the line which Jorge Luis Borges—who knew the poem by heart—most liked, and, it must be said, López Velarde's line is a Borgesian phrase that anticipates Borges):

Inaccesible al deshonor, floreces.

Thus it was with the women in *Prayers for the Stolen*. Thus it is in present-day Mexico, for which López Velarde's line con-

Velarde sigue funcionando como un rezo o un conjuro; lo hace también en la versión de Clement cuya eficacia en inglés, ahora que lo pienso, no habría disgustado a Borges:

> Impervious to dishonor, you flower.

"Amén", concluyamos, con una palabra que López Velarde usó optimista o grácilmente en su obra poética.

Luis Miguel Aguilar

tinues to function as a kind of prayer, or spell; it achieves this most effectively too in Clement's English version, which, now that I think on it, would not have upset Borges:

> Impervious to dishonor, you flower.

"Amen": let us end with a word that López Velarde used both optimistically and gracefully in his poetry.

Luis Miguel Aguilar

translated by Tony Frazer

www.ingramcontent.com/pod-product-compliance
Lightning Source LLC
Chambersburg PA
CBHW042328150426
43193CB00001B/14